Norte, Sur, Este y Oeste

Meg Greve

Rourke Publishing
Vero Beach, Florida 32964

www.rourkepublishing.com

PHOTO CREDITS: © Alexander Kosev: Title Page, 22; © cyrop: 3; © Ian Cumberland: 3, 6, 10, 11 © Jan Rysavy: 4, 6, 8, 10, 12, 14, 16, 18, 20, 22, 23; © gisele: 5; © sweetym: 5, 9, 13, 17, 21; © digitalskillet: 7; © clu: 9; © Wolfgang Schoenfeld: 11; © jabejon: 13; © Kim Gunkel: 15; © David Hernandez: 17; © Olga Solovei: 19; © Jani Bryson: 21; © slobo: 23; © Derris Lanier: 23

Edited by Jeanne Sturm

Cover design by Nicola Stratford bppublishing.com
Interior design by Tara Raymo
Bilingual editorial services by Cambridge BrickHouse, Inc. www.cambridgebh.com

Library of Congress Cataloging-in-Publication Data

Greve, Meg.
Norte, sur, este y oeste
ISBN 978-1-61590-353-5 (spanish soft cover)

Rourke Publishing
Printed in the United States of America, North Mankato, Minnesota
112309
112309CL

www.rourkepublishing.com - rourke@rourkepublishing.com
Post Office Box 643328 Vero Beach, Florida 32964

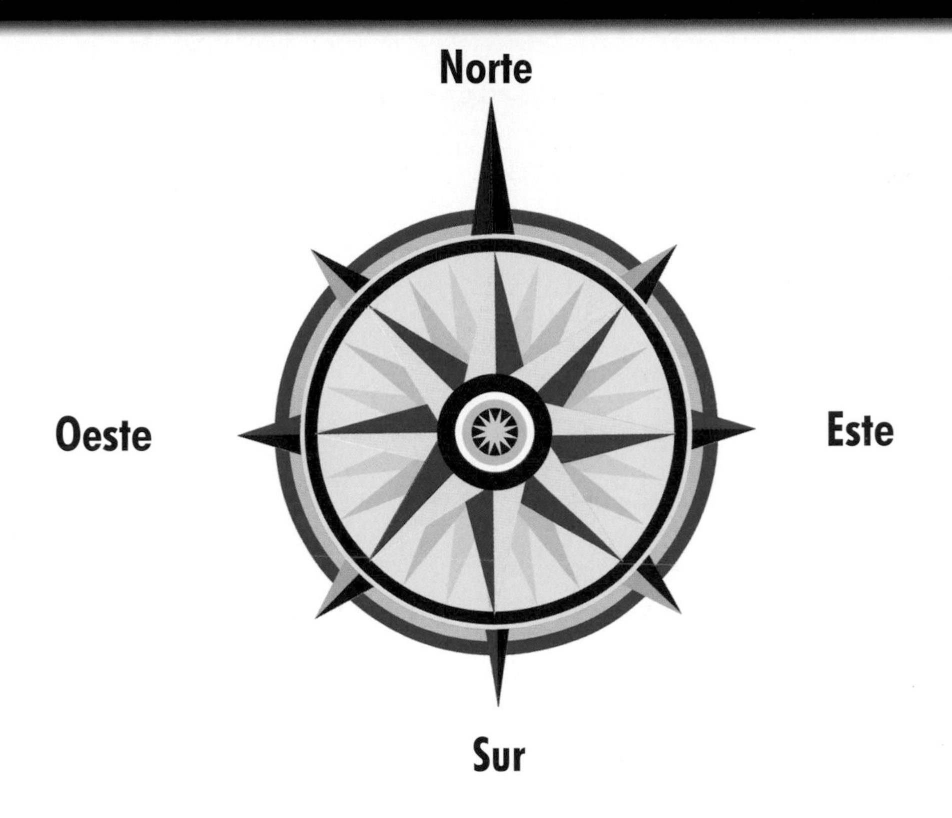

Norte, Sur, Este u Oeste, una **rosa de los vientos** te ayuda a saber hacia dónde ir.

¿Dónde está el Norte?

¿El Norte?

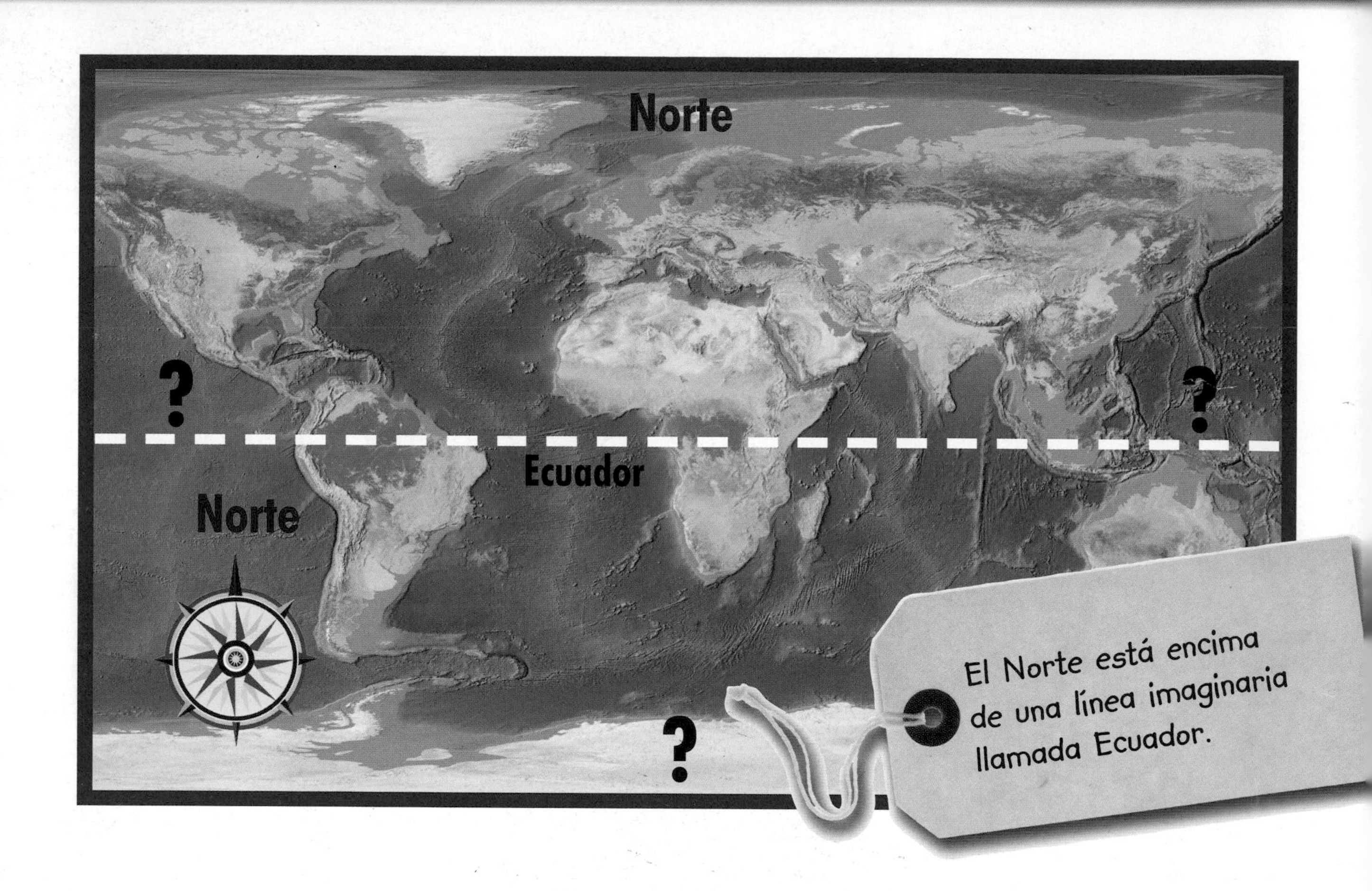

En la parte **superior** del **mapa**.
¡Qué frío!

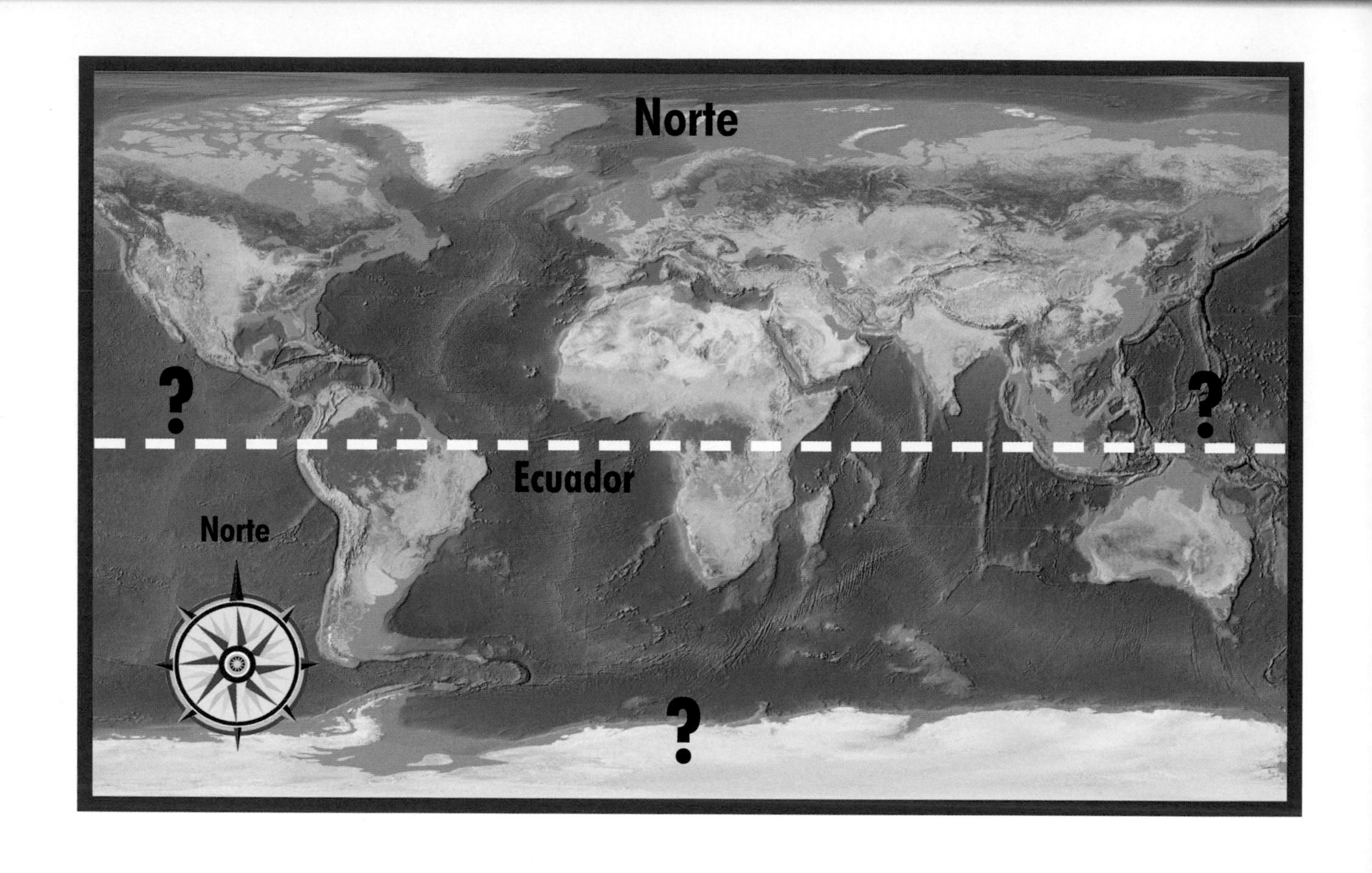

¿Dónde está el Sur?

¿El Sur?

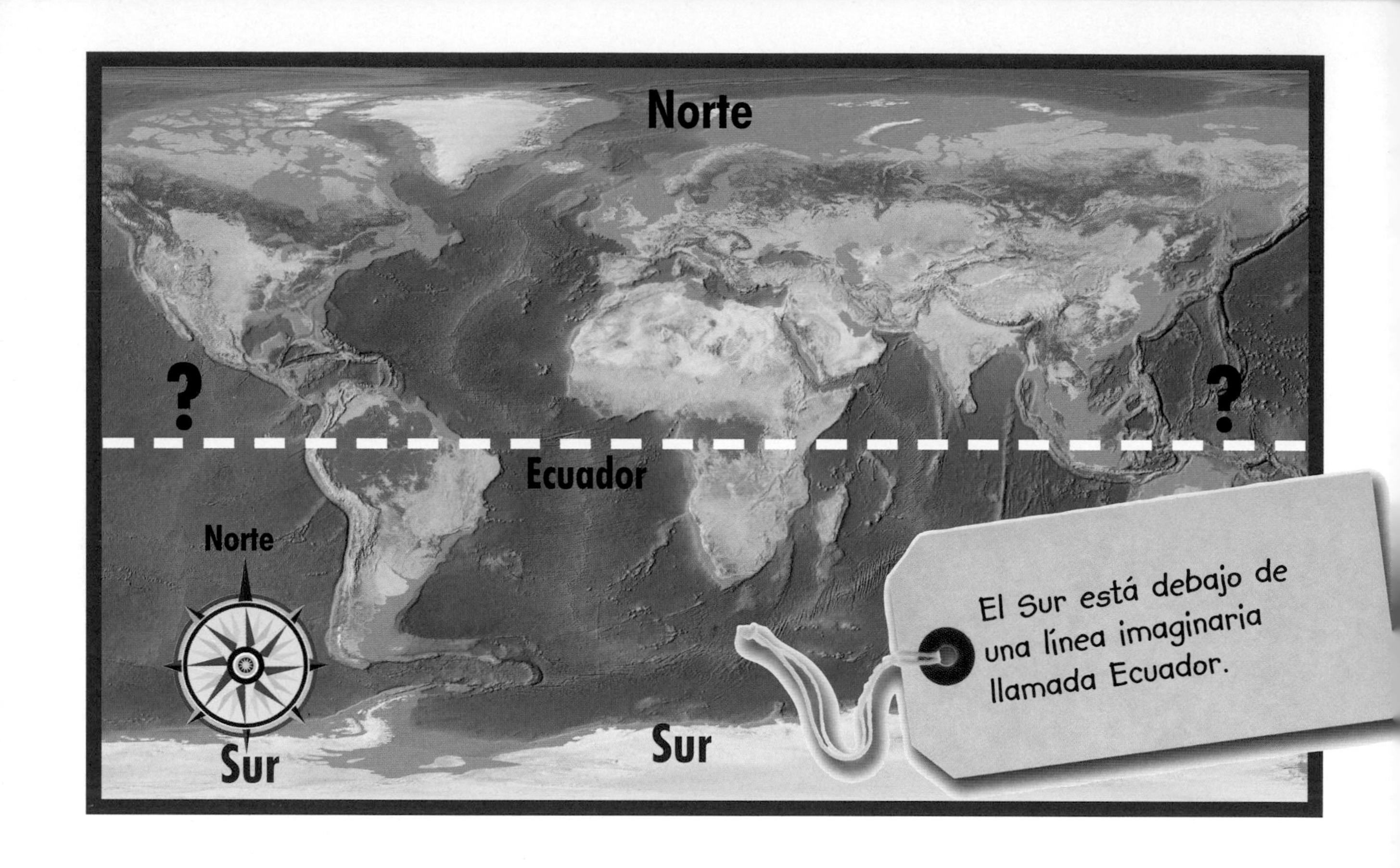

En la parte **inferior** del mapa.
¡Qué frío!

El Polo Norte y el Polo Sur son
lugares muy fríos donde hay
muy poca vida.

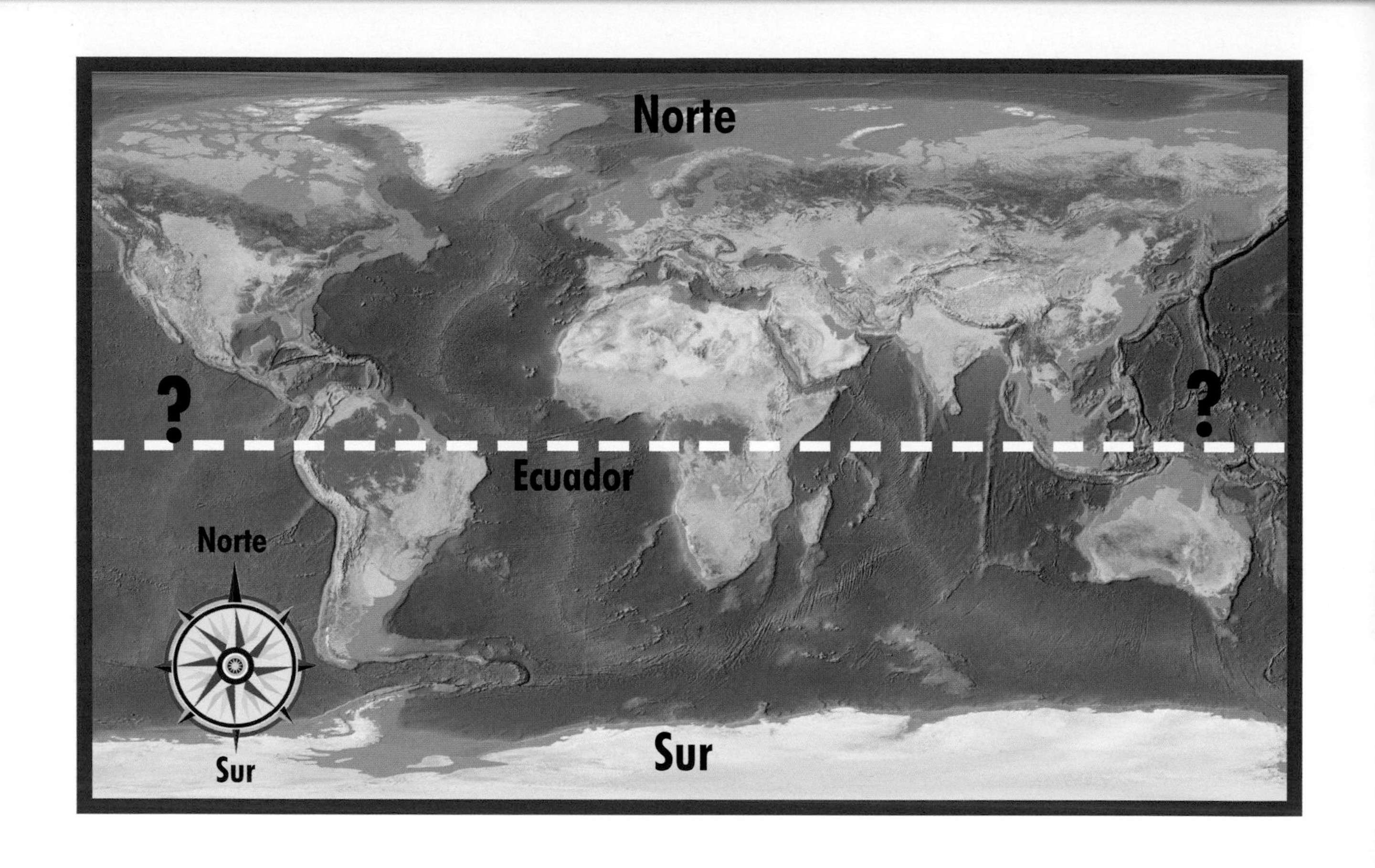

¿Dónde está el Este?

¿El Este?

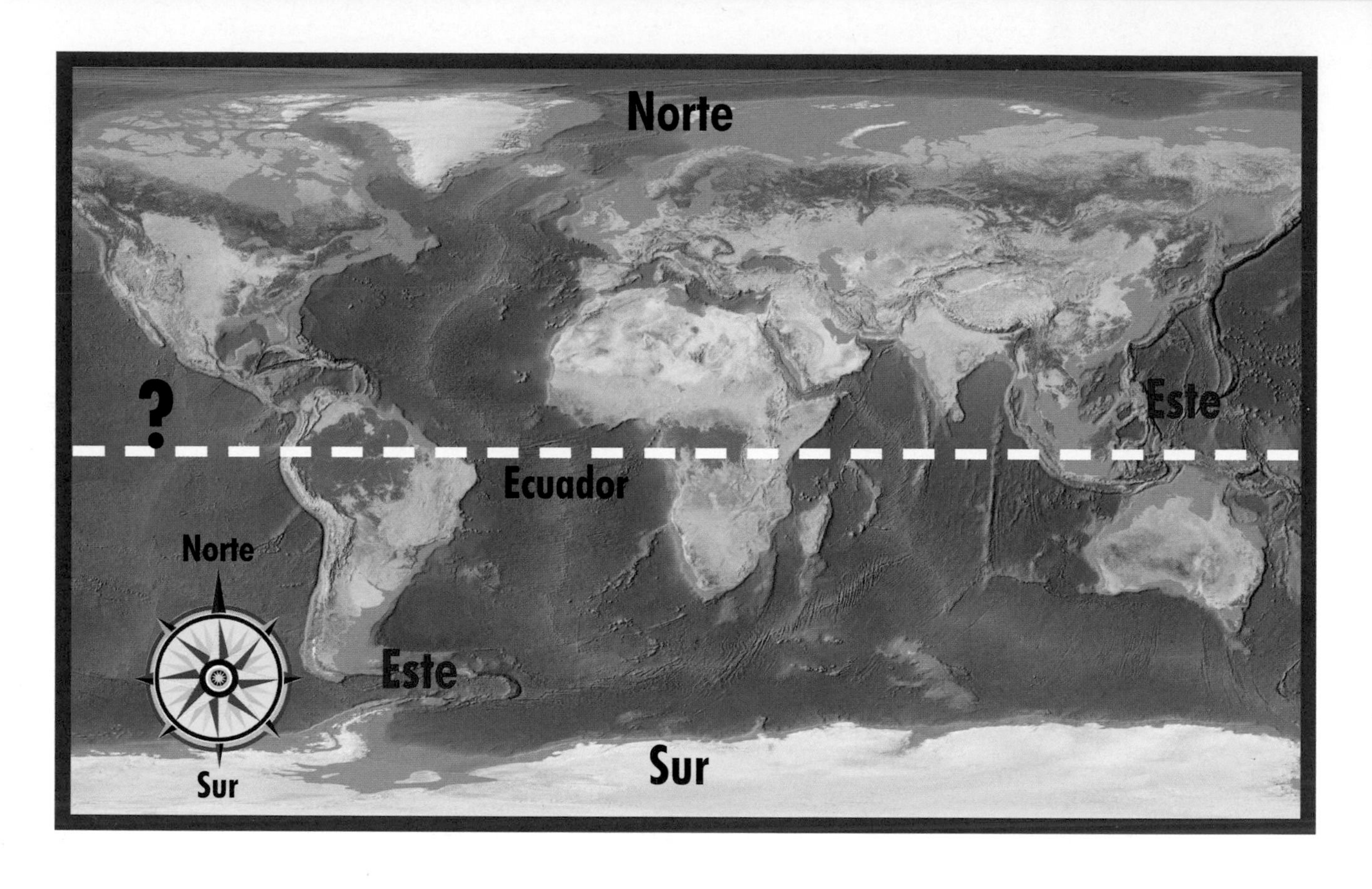

En la parte derecha del mapa,
por donde sale el **Sol**.
¡Buenos días!

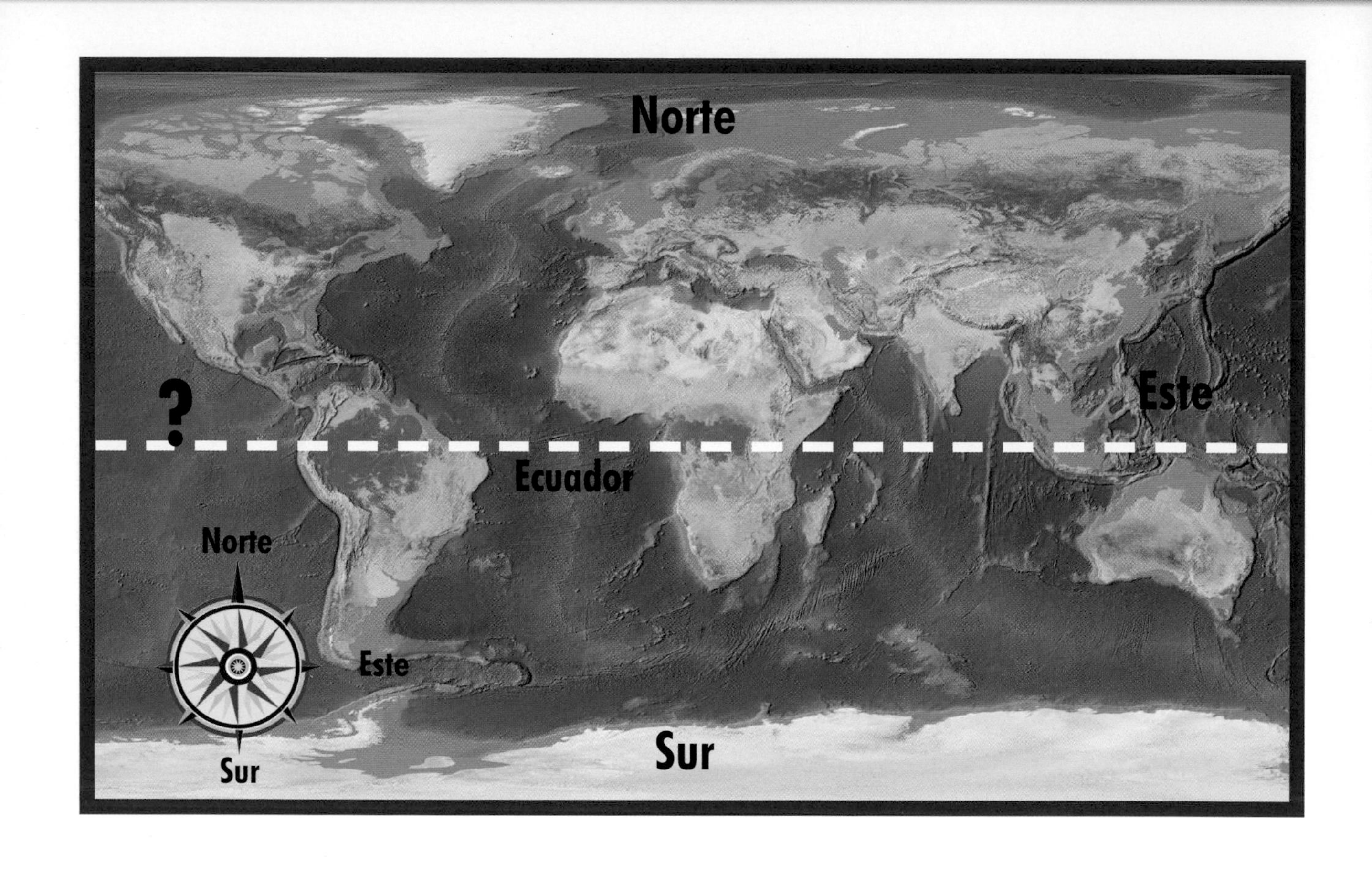

¿Dónde está el Oeste?

¿El Oeste?

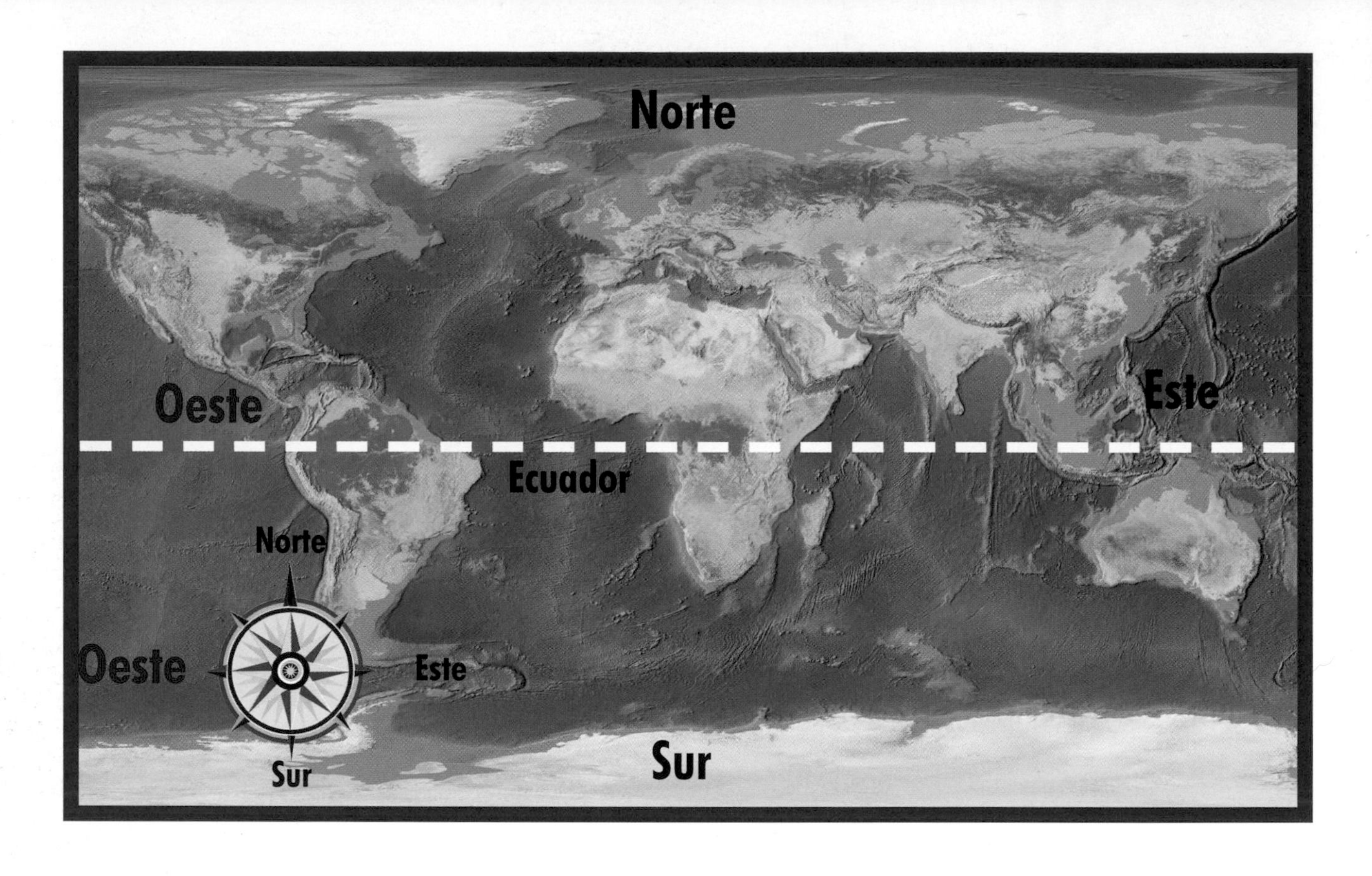

En la parte izquierda del mapa, por donde el Sol se pone. ¡Buenas noches!

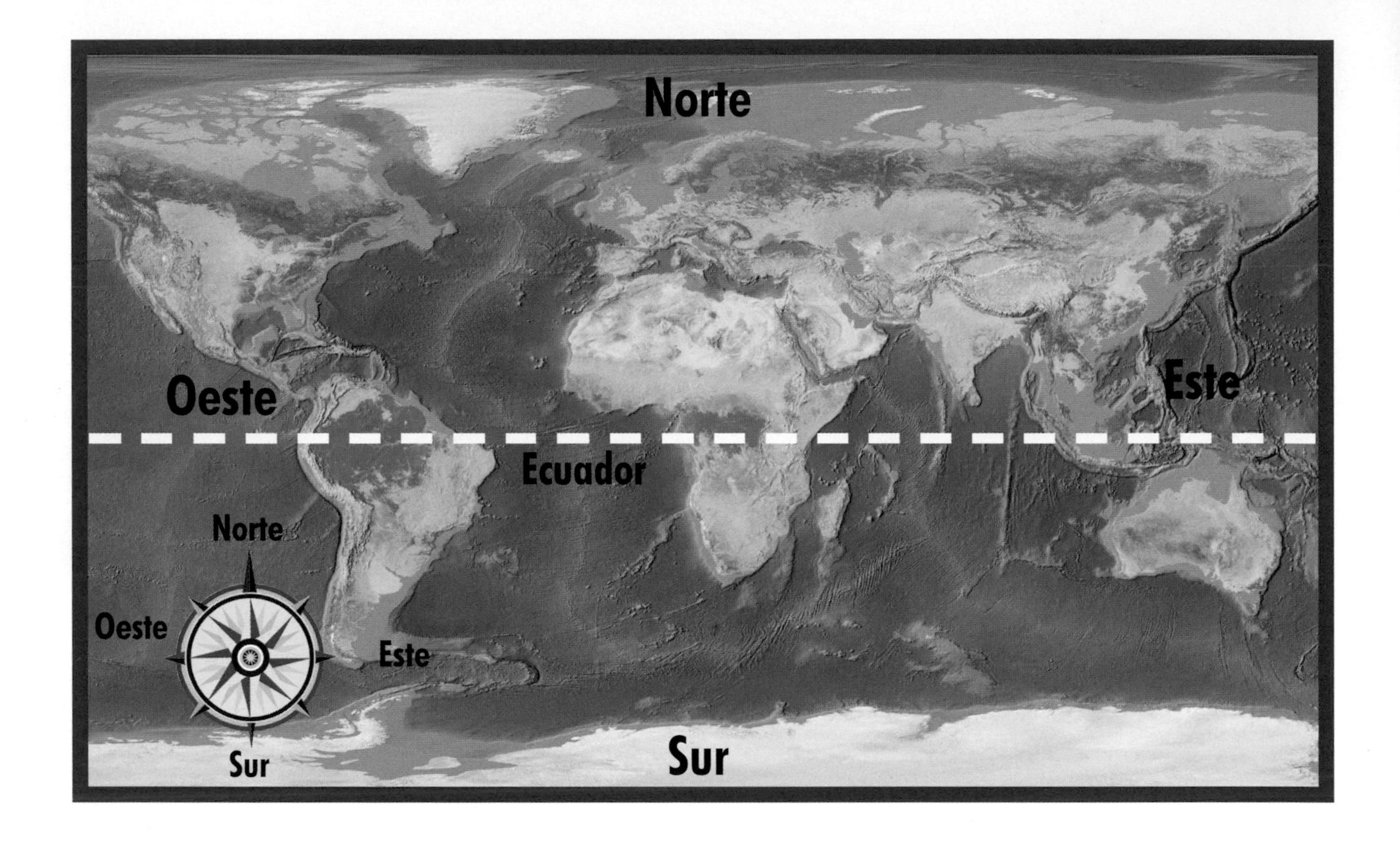

Norte, Sur, Este y Oeste, ¿en cuál **dirección** quisieras ir?

Norte
Sur
Este
Oeste

GLOSARIO

dirección: La dirección es el rumbo hacia el cual algo o alguien viaja. Norte, Sur, Este y Oeste son direcciones especiales que indican la ubicación de algo.

mapa: Un dibujo plano de un área. Hay mapas de calles, pueblos, ciudades, el mundo y mucho más. Los mapas tienen símbolos y colores, que representan cosas más grandes.

parte inferior: La parte inferior es la parte más baja de algo. En un mapa, la parte inferior es el Sur.

parte superior: La parte superior es la parte más alta de algo. En un mapa, la parte superior es el Norte. Fíjate que Norte siempre esté en la parte superior cuando leas un mapa.

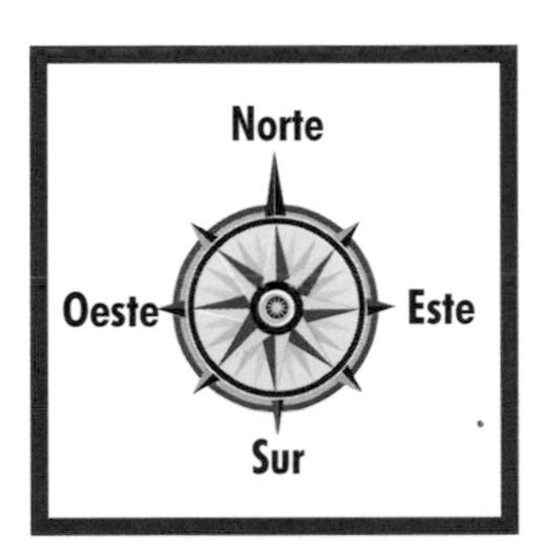

rosa de los vientos: Una rosa de los vientos se encuentra en un mapa. Es un círculo con puntos que muestran los puntos cardinales, como Norte, Sur, Este y Oeste.

Sol: El Sol es la única estrella de nuestro sistema solar. Todos los planetas se mueven alrededor del Sol. El Sol da luz y calor a la Tierra.

Índice

Visita estas páginas en Internet

www.maps4kids.com
www.fedstats.gov/kids/mapstats/
kids.nationalgeographic.com/

Sobre la autora

Meg Greve vive en Chicago con su esposo, hija e hijo. A ella le encanta estudiar mapas e imagina viajes a lugares nuevos y diferentes.